Zócalo

Primera edición: octubre 2014

Título original: *Zócalo*
© Adonis, 2013
© de la traducción: Clara Janés, 2014
© del prólogo: Ernesto Lumbreras, 2014

© Vaso Roto Ediciones, 2014
ESPAÑA
C/ Alcalá 85, 7º izda.
28009 Madrid
MÉXICO
Apartado Postal 443, Col. Del Valle
San Pedro Garza García, N. L., 66220

vasoroto@vasoroto.com
www.vasoroto.com

Grabado de cubierta: Víctor Ramírez

Queda rigurosamente prohibida, sin la
autorización de los titulares del copyright,
bajo las sanciones establecidas por las leyes,
la reproducción total o parcial de esta obra
por cualquier medio o procedimiento.

Impreso en España
Imprenta: Kadmos
ISBN: 978-84-16193-11-0
BIC: DCF
Dep. legal: M-19751-2014

Adonis
Zócalo

Traducción de Clara Janés
Prólogo de Ernesto Lumbreras

Vaso Roto Ediciones

La compañía solar

> *La luz, que tiene rostro,*
> *no tiene entrañas.*
> *Lo oscuro tiene entrañas*
> *pero no rostro.*
>
> ADONIS

Desde la publicación en España de *Canciones de Mihyar el de Damasco*, en 1968, la obra del poeta sirio-libanés Alí Ahmed Said Esber, mundialmente conocido como Adonis –personaje de origen fenicio asimilado a los mitos griegos–, ha circulado con cierta fortuna y continuidad en la lengua de Góngora y Sor Juana. Figura central de la modernidad de las letras árabes, su labor poética, editorial y crítica ha dado lugar, desde la década de los cincuenta en Beirut, a una serie de revisiones de tópicos de su tradición cultural y literaria, algunos de ellos considerados intocables e inamovibles para ciertas élites ortodoxas del Islam.

Nacido en 1930 en el pueblo de Al Quassabin, será testigo en la línea de fuego de los cambios políticos y geográficos de Medio Oriente tras la conclusión de la Segunda Guerra Mundial y la inclusión del Estado de Israel en la zona.

En esa encrucijada de la Historia comenzarán a surgir sus primeros poemas y, también, sus primeras grandes preguntas respecto de su oficio. ¿Qué tanta información de la actualidad puede contener un poema? ¿Las circunstancias del presente cómo se integran al presente poético? ¿La milenaria tradición poética, construida antes y después del Corán, debe mantenerse inalterable en relación a la tradición occidental removida hasta sus cimientos por las múltiples vanguardias del siglo XX? Estos y otros interrogantes se propone despejar paulatinamente el joven Adonis, con pocas complicidades en su radio de acción, en un medio hostil y reacio a los cambios, en especial si provienen de la decadente Europa o de los frívolos y materialistas Estados Unidos. La doble militancia, la política y la de la modernidad, lo llevarán a prisión y a un disimulado ostracismo local. Afortunadamente, su obra comienza a circular y a reconocerse en los círculos parisinos desde comienzos de los sesenta. Mérito del establecimiento de esas coordenadas iniciales en su credo estético –que apuntalan lo poético sobre lo ideológico–, décadas más tarde publicará *El libro del asedio* (1985), pieza crítica e incómoda para todas las partes involucradas en el conflicto donde la voz del poeta confluye en el decurso de las preguntas, territorio por excelencia del arte de la poesía.

Entre los viajes de Beirut a París, en algún momento, se encontrará y trabará amistad con Octavio Paz. Ambos rondaban los «campos magnéticos» del surrealismo en los últimos años de vida de André Breton; las conversaciones y la cercanía con Henri Michaux o con Yves Bonnefoy –presencias fraternas y cómplices de los dos escritores– también tendieron puentes entre estos poetas nacidos en la «periferia» de Occidente. Lejos de toda militancia e incondicionalidad, cada uno se acercó al movimiento vanguardista con afanes y en circunstancias diversas; para el poeta árabe, el surrealismo se presentaba, en ese justo momento, como un espíritu artístico y moral con el que era posible actualizar, desde la crítica, su riquísima, y a un tiempo anquilosada, tradición. Para el poeta mexicano, próximo a comenzar una nueva etapa en la India, la impronta surrealista había tenido, en su pasado reciente, una proyección libertaria y fértil reconocible en las tramas visuales y conceptuales de libros como *¿Águila o sol?* (1951), *La estación violenta* (1958) o *Salamandra* (1962). En ese cruce de caminos, Adonis daba inicio a su gran cruzada reformista y, de cierta forma, Paz concluía una de sus «edades poéticas» y se aventuraba, en su siguiente estación, por tierras incógnitas del lenguaje y de sus representaciones en el espacio de la hoja en blanco.

Con estos antecedentes, los poemas y los ensayos de Adonis publicados con constancia en la revista *Vuelta*, fundada y dirigida por Octavio Paz desde mediados de la década de los setenta, reanudarían aquellas conversaciones y discusiones. No obstante esa familiaridad con su obra, los lectores mexicanos tardarían varios lustros en escucharlo, de viva voz, durante un encuentro de escritores celebrado en Tampico, Tamaulipas en el 2004. Aquellas primeras impresiones forasteras sobre México tuvieron que sumarse, y también contrastarse y definirse, con las que registrarían su mente y sus sentidos durante su segundo periplo mexicano en 2012. El resultado de esas operaciones de la memoria, y de la conciencia poética, produjo un artefacto verbal que Adonis tituló *Zócalo*, palabra que llega al castellano del italiano «*zòccolo*» y que, a su vez, proviene del latín «*socculus*». Aunque es un tema para filólogos, la etimología del vocablo –de uso frecuente en la arquitectura– refiere al basamento de un edificio o un monumento; sin embargo, como acepción exclusiva de México, la palabra designa, según María Moliner, «a la plaza principal de una ciudad». Y por supuesto, la plaza de plazas es el Zócalo de la capital del país, el ombligo de la luna y el kilómetro cero de la historia y de los mitos de México.

¿Encontraría Adonis resonancias de la palabra «zoco», venida del árabe «*assúq*» para designar plaza y mercado, con la singular acepción mexicana de «zócalo»? ¿En esa posible confluencia semántica y sonora estableció el poeta el epicentro del devenir de su canto? Llevado por el ritornelo o mantra «El sol ama los caminos de los mayas», el largo poema se asume como una *road movie* proyectada en el espacio y en el tiempo. Lejos de pasar revista a los estereotipos de lo mexicano o de capturar postales líricas, el ojo y el pensamiento que rigen el discurso lírico son los de la memoria del poeta y de la tribu. Adonis necesita «vagabundear en profundidad» para ordenar su inventario del mundo. Las calles de la Ciudad de México, las ruinas mayas, el Museo de Antropología o la Casa de León Trotsky se resuelven en el heideggeriano claro de bosque donde todos los tiempos convergen, propiciando un fértil juego de correspondencias o de recapitulaciones donde la historia o la arqueología han cedido su puesto al orbe de la poesía. Con la certeza de que «Lo real es también una metáfora», la edad dorada de la civilización maya se torna, en la mirada restitutiva del poeta árabe, en rituales y mitos colocados en el «mundanal ruido» de nuestro presente histórico. La lectura de *Zócalo* de Adonis remite, como un probable antecedente, a *Air Mexicain-Aire mexicano* (1952) de Benjamin Péret. En ambos, la revisión del paisaje religioso de los antiguos mexicanos en sintonía con la majestuosa arquitectura y su concepto de civilización se resuelve –sin necesidad de un instrumental de medición europeo– en experiencia de otredad. Sin ánimo de teorizar ontologías de los tiempos mexicanos, de sus sincretismos raciales y culturales, a la manera del superhombre de D. H. Lawrence o de Aldous Huxley, los poetas descienden y se elevan por los infiernos y por los paraísos de un México intemporal, deslumbrados y perturbados por sus contundentes y contradictorios planos de realidad. Con una intuición central, en el caso de Adonis: el sentimiento de compasión se asume como la tabla de salvación de la conciencia amenazada. Sólo así la emoción de la vida contemplativa desemboca en memoria, la fascinación sensorial trasciende por obra de la palabra en el tiempo poético. Bitácora de los sentidos, el poema da origen, en su mismo impulso, al viaje y al viajero. En su aliento versicular, cada uno de los cantos funciona a modo de viático hacia una travesía para la cual es menester despojarse de ciertas certezas y sentimentalismos: «Abandonando mis suspiros a sus niñerías, he pensado en / añadir una cuerda al laúd de los sentidos».

Para acompañar los tiempos del sol en el valle del Anáhuac o en la península de Yucatán, o sus lluvias o las migraciones de aves, el poeta –además de vidente– se mueve por los pueblos del mundo con algo de chamán y alquimista. En varios momentos de *Zócalo* se da noticia de esos oficios y de esos saberes, por ejemplo, en esta revelación sobre dos elementos cardinales de la materia que, por su ímpetu discursivo, resulta a la postre una invocación: «Esta noche sabré cómo el agua y el fuego comparten la misma almohada». O estos versos que escancian un conocimiento elaborado por varias centurias y que se expresa, con precisión y transparencia, gracias a un giro de humor e inocencia propios de un loco o de un niño: «Hace algún tiempo que las nubes no me prestan atención. / El sol es una rosa que no tiene el mismo tiempo que el hombre. // Sol, sol, sol». O esta visión arcádica que concede a los hombres una nueva oportunidad para refundar su existencia en armonía con la naturaleza, tomando en cuenta una lección anotada en el principio de la creación: «sólo la lluvia sabe cómo anudar una alta amistad entre el espacio y la tierra». Con esa confianza y esa fe que recuerdan a Carlos Pellicer, el agnosticismo del poeta levantino no es obstáculo para la celebración y la comunión; por eso, en la euforia de los grandes encuentros exclama: «¡bebiendo agua de Sumeria en la jarra de los mayas!».

Los cantos que tienen como tema y variación la figura y el legado de León Trotsky responden, entre otros asuntos, a un homenaje y también a un exorcismo. En su juventud, Adonis participó en el Partido Social Nacionalista Sirio, militancia que lo llevaría a una temporada en prisión y, más tarde, a su exilio en Líbano. De esa experiencia sacaría en claro que la política y la poesía, cuando son auténticas y las guía la libertad, pueden cambiar el mundo y al hombre, ampliar sus horizontes, intensificar su paso por la Tierra. Caminar por la casa donde el intelectual ruso pasó sus últimos años criando conejos, o recorrer las habitaciones donde combatía el insomnio, cavilando una idea fáustica o tarareando un acorde de Tchaikovsky o Prokofiev, provocó en Adonis reminiscencias de sus andanzas y de sus discusiones políticas de aquellos años juveniles en Siria. En ese lugar de símbolos y sangre, resultó inevitable conversar con los fantasmas de la revolución y del socialismo que pronto salieron al paso. ¿De qué claudicaciones y terrores hablar? ¿Del piolet de Ramón Mercader? ¿De la pesadilla profética de Trotsky? Frente a esas disquisiciones del dolor humano, el poeta árabe prefiere preguntarle a su viejo amigo, Octavio Paz, con quien nunca coincidió en México, asuntos más mundanos cargados de símbolos:

> Octavio: ¿qué es esa luz que mendiga en la puerta del estudio de Frida?
> ¿Era para recordar los lobos de la revolución por lo que Trotsky crió conejos los últimos años de su vida?

Los poemas de *Zócalo* de Adonis, en la delicada y precisa versión de la poeta Clara Janés, circulan exentos de cualquier extrañeza o exotismo. El encuentro con la tradición libanesa en México permitió, en cierta forma, derribar lugares comunes sustituyéndolos por secretas correspondencias. Entre el cedro y el ahuehuete, el trigo y el maíz, el dátil y la tuna, el espíritu religador del poeta árabe no tomó atajo alguno. Prefirió en todo momento el camino largo y sinuoso, de innumerables bifurcaciones, conectado con otras épocas, dispuesto siempre al extravío, guiado por la única certeza de su canto celebratorio y crítico: «El sol ama el camino de los mayas».

Ernesto Lumbreras

ZÓCALO

1

El sol ama los caminos de los mayas.

2

Hotel La Casona. Desde mi habitación puedo ver el sol dar sus primeros pasos en el umbral de México, escuchar a los árboles, saludar en voz baja su rostro.
La noche, que sale del hotel, ha dejado sobre mi colchón huellas que no he podido leer, el sol me lo ha confirmado.
Bajo el sol de México, necesito la sombra de los árboles desplegada en mis hombros para seguir mi andadura.
Necesito exaltación para unir May[1] a los mayas. Necesito vagabundeo en profundidad.

---

[1] Nombre de la heroína de una historia de amor, la amada del loco Machnún, en algunas versiones de la leyenda.

3

¿En qué apoyarme?
¿En la cuadratura del cero, en el triángulo del deseo, en las pirámides del aire o en los campamentos de la historia?
¿En los vientos que se evaporan de los cementerios o en una tórtola hambrienta? ¿Tiene la flor al fin un hueco por cuello? ¿No es la mariposa lo mismo que una llama?
¿Debo preguntar cómo acabará este mundo o cómo ha empezado este infierno?
Cómo hacerme amigo de los lobos, matar esta humanidad agazapada entre mis garras.
Mi vista ajustada a mi visión y ésta a aquélla, acompaño en su país al perfume de una rosa muerta.
Las heridas humedecen el vestido de un cielo pobre que aprende a cantar con nosotros:
El pájaro está de paso
La jaula no tiene fin.

El sol ama los caminos de los mayas.

4

Mañana del 22 de abril de 2012:
Los guardias fronterizos acogen a los visitantes como las orillas ciñen a las olas.
Todo visitante de México es un invitado de los mayas.
Maya dispensa su luz sin limitación.
¿Cómo recuperar mi infancia?, pregunta su cielo.
¿Es la lengua de los mayas la que corre por las calles que Jennifer y yo hemos cruzado hasta el hotel La Casona?
Esta lengua dice:
Que el Alef olvide su pasado, que vuelva a estudiar las conjugaciones del futuro y la gramática.
«Mi madre duerme con un océano que no tiene cuernos ni cola».
Dice: «La globalización es un océano de plástico. Luz, ¿puedes prever el porvenir?».
Haced que redoblen los tambores del insomnio, oh ciudades.

El sol ama los caminos de los mayas.

5

He puesto la mano en el bolsillo del sol, rostro entregado al polvo de sus rayos.
Las calles tienen alas donde los pasos de lo real echan a volar y el día tiene más de un cuerpo.
¿Está aquí el aire preso de un sombrero?
¿Tienen los polvillos una tabla donde colgar al hombre?
Entre el signo de Capricornio y el de Sagitario, otros signos del sentido prenden y se apagan.
«Mi imagen, mi imagen», balbucean, mientras el sentido abre puertas a todas las imágenes.
Hay hombres que encierran los libros santos en jarras llenas de ángeles.

Hay hombres que queman a los herejes y luego vierten sus restos en las entrañas de los diablos.

Hay hombres que cocinan las profecías en las monedas de los templos y luego las dispersan en todas direcciones.

«¿Es esto una religión? ¿O es un mundo que chupa la osamenta del cielo?», se pregunta un hereje antes de que lo quemen.

¿Y dónde está el diseñador que esboza la imagen de los dioses de los creyentes?, preguntan, burlonas, las estrellas al despertarse y, antes de dormir, dejan su hierba seca en nuestros platos.

Perversa, la novilla del cielo.

Inútil preguntar:

Tierra, ¿dónde están tus toros?

6

Hay profetas que besan los muros y la lengua descubre sus carceleros.
La flor no se desposa con el tiempo y el búho no picotea el vientre de la noche.
La iglesia aprieta los evangelios con los dientes, la maternidad de la Biblia, los ríos de oraciones que inundan las venas del tiempo.
Cree sostener el timón de las nubes y mecer entre sus senos la cabeza de los humanos.

7

En este momento el aire está en duelo.
Mi mirada se desplaza sobre la tapa de lo real desde que he cedido mi visión a la luz de las leyendas.
Las imágenes que ignoran el mutismo se expresan sólo en cuchicheos.
Cerezas negras son los ojos
Puentes de polvo los pasos.
¿Por qué esta incapacidad para no embriagar a la época sino con jarras de sangre y partículas de átomo?
¿Por qué no saber bailar sino sobre cadáveres de nuestros amigos y amados?

El sol ama los caminos de los mayas.

8

Las alas son de nieve y el remedio es enfermedad.
El aire huele la agonía.
La vida es un precipicio que se vierte en otro precipicio llamado tiempo.
La muerte es a veces nube y a veces campamento en ese vacío llamado eternidad.

Vacío lleno de vacío lleno de cifras. El único que no olvida sus citas.

9

Hay calles que bailan en los hombros de los peatones.
Hay peatones, cometas que arrastran sus cuerpos por las orillas del horizonte.
Cada paso engendra dos cuerpos que se rehúyen
Cada poste tiene dos ojos y cada piedra tiene un pulmón que exhala el humo de la Historia.

Mirando fijamente el espacio prisionero de los tejados de la ciudad, no te queda sino gritar:
Con esto, con esto intentaré morir
Con los ojos en la rosa que se entreabre ante mí.
Abandonando mis suspiros a sus niñerías, he pensado en añadir una cuerda al laúd del sentido.

El sol ama los caminos de los mayas.

10

Maya,
Suave, la vida en tus fronteras. Las cruzo y doy a la luz un cuello y dos manos.
Amapolas abrazan el carmesí de los mayas y su negrura de ébano. Con sus venas y las raíces del narciso construyo barreras flexibles que separan los ataques del viento y del perfume.
Barreras libres entre los ropajes de las nubes y los hilos de la lluvia.
Me detengo en la primera barrera para presenciar la travesía de los dioses y sus cortejos.
¿Es necesario crear un manual para sus banquetes? ¿Clasificarlos hierba por hierba, mesa por mesa?

11

Más allá de las fronteras, tiembla una flecha bajo las alas de un águila.
Un arco llora encima del precipicio y tú no sabes cómo consolarlo
La luna inscribe el flujo de los sueños, los pájaros observan su reflujo
El instinto crea para celebrar la naturaleza
A la naturaleza le apasiona celebrar el instinto

Esta noche sabré cómo el agua y el fuego comparten la misma almohada.

12

Museo de Antropología de México:
Me desplazo entre sus salas como si leyera el cielo y la tierra en un mismo libro.
De dibujos, estatuas, máscaras y muros surgen las lenguas que interpelan a la mía y se la llevan hacia las demás direcciones del mundo, las visibles para el ojo nacido de las galaxias de lo invisible.
«El UNO es polvo. La unicidad sólo es ceniza», dice este ojo.

13

Una gaviota duerme en el brazo de una gaviota:
Una ola cuelga del cuello de una ola –cuna para los vestidos con el saruel[2] del mar.
Calmaos, calmaos, mariposas del sentido.
Las imágenes improvisan las alas y el espacio improvisa la tinta.
Es así como pongo las cosas entre paréntesis y me abro camino entre sus signos.
He ensillado caballos que no he tocado y tocado astros que no he visto.
Las montañas andaban a mi alrededor, nubes apretadas en sus manos.

---

[2] Tipo de pantalones bombachos.

14

Nunca fui amigo de un lagarto que se burla del cielo y fraterniza con las hendiduras de la tierra
Ni fui compañero de camino de un sapo que viaja hacia el estanque de la noche
La tentación de ponerme una máscara que no fuera mi rostro nunca me ha asaltado

Acodado en un cojín imaginario he dicho a mi arabidad, escucha:
La guitarra de un pájaro azteca tintinea en el oído del tiempo.
En la luna que se duerme, un lobo triste ha puesto fin a su lucha con los pastores.

15

A lo lejos, improvisaba el aire en los abanicos ciegos
Hay muertos que habitan las cabezas y los corazones
Hay muertos en las aceras y en los almacenes, en los libros, en la tinta, en el papel
Muertos amontonados sobre muertos, atados con cuerdas celestiales
Muertos que beben el fuego y lo avivan en el cuerpo de los vivos

A lo lejos, imágenes humanas, barro salvaje.

16

Trotsky,
El espectro de la revolución sobre los hombros, entré en la casa donde lo mataron y enterraron junto a su mujer, Natalia Sedova.
El sol soplaba sus polvillos por todos los rincones.
Surgido de la fuente de los Kármatas, la sangre de la conjugación fluía en mi lengua sin hallar la desembocadura.
La historia aparecía ante mí como una carta de piedra suspendida en el cuerno de un toro negro
En la casa vi una guitarra chorreando sudor
Oí aplaudir a los árboles. La mano izquierda del cielo echaba sus dados en la frente del horizonte y los conejos criados por el jefe erraban lejos de las jaulas de Stalin, en el jardín de la primera revolución socialista.

17

Trotsky,
Tierna es tu cama, tierno tu bastón tendido mudo sobre esta cama.
Tu bastón, tus gafas rotas, las huellas de tu sangre, tu camisa, tus zapatos, las tazas de café, tu máquina de escribir y lo que queda de tus escasos objetos, testigos de tu asesinato.
Ramón Mercader del Río
¿Quién eres tú, asesino? ¿Y qué hicieron tus manos?
Las cosas siendo lo que son, el propietario de la tierra sigue esperando la limosna de una reja y de un arado (la modernidad del Occidente norteamericano lo quiere así)
El propietario de la tierra está bajo vigilancia (la modernidad del Occidente norteamericano así lo quiere)
El propietario de la tierra es expulsado de su tierra (la modernidad del mundo capitalista lo exige)

18

Trotsky,
las cosas son lo que son
la chimenea de la historia sopla sus humaredas en el rostro
    del creador y los humanos no son más que hojas espar-
    cidas en esas humaredas.
Cubrid el cuerpo del norte con la vestidura del sur.
Desgarrad el hierro de Occidente con la seda de Oriente.
Esta noche encenderé una vela y gritaré:
Toda profecía es crepúsculo, Trotsky,

el hombre es la aurora del universo.

19

Entre Trotsky y Frida una silla móvil,
Entre ellos colores, libros, plumas, lápices, un espejo y un lecho para el día
Trotsky acoge la máscara exuberante de Frida bajo un velo exuberante.
Casa-museo, pero la fuerza de la vida permanece más fuerte que la fuerza del arte.
Frida-Trotsky
El objeto dura más que quien lo ha creado.
¿Cuál será, pues, tu mensaje, pasión? ¿Y qué piensa de él la misteriosa, llamada revolución?
Frida-Trotsky: un agua distinta fluye de los labios de Chichén Itzá, el hechicero del agua.

20

Baila tiempo sobre tus palabras. Y tú, océano, permite al sol que deshaga sus trenzas entre tus manos.
México y sus hermanas no serán liberadas hasta después de la fusión de sus primeros habitantes con el residuo de los conquistadores.
Unión en la igualdad, no en la tolerancia
El mundo convertido en pirámides sobre los cuerpos aplastados por las máquinas de la masacre.
Barro en la garganta de la lengua
La Historia se estanca y los hombres no saben qué nombre darle
Buenos días Trotsky, buenas noches.
¡Marx, Itzamná!

El sol ama los caminos de los mayas.

21

Trotsky no esperaba de los árboles ni de las ventanas que llevaran armas para defenderle.
El libro del futuro en sus manos, Trotsky dormía.
Cuánta sangre derramada para celebrar tu llegada, Futuro, y tú no llegaste.
¿Cómo imaginas tu tumba y qué muerte deseas?
Yo sustituyo el cielo por un círculo de piedra impregnado del ámbar de los continentes y luego me desparramo por las alas y los relámpagos en vez de dormir en el lecho de los ángeles.
Cáñamo damasceno para tejer otras vestiduras para los dioses: estrellas para el cuello, órbitas para el envés de las mangas. Y ni una arruga en el horizonte.
El sol es un lagarto rojo.

22

Muchos libros en la misma estela
Muchas tumbas en el mismo libro.
¿Nos dirás, sol, dónde se conservan los archivos de la eternidad?
¿Quién vierte el estrépito de los siglos como un alto vino en el aguamanil de las leyendas?
Mis lámparas están llenas de aceite de las lejanías y de los árboles sucesivos,
Desciendo de la estirpe de los vagabundeos.
Las profecías en este infierno universal son cuchillos para tragar.
Grito:
Qué dulce es vuestra miel, cuchillos.
Las manos alrededor de mi garganta son sierras.

Las calles murmuran. Las nubes de la historia cercan los árboles.
Árboles, respirad por mis pulmones.
Salud a los jóvenes surgidos de Maya y a sus hermanas.
Mi cabeza nada en el lago de vino llamado geografía de los mayas.

23

Lago sin orilla y las barcas no están encadenadas
Las palabras se rebelan contra su sentido.
Las letras se alzan contra sus palabras
Un cactus alimentado por la tristeza de los mayas agarra mi tobillo.
Di, tierra: no hay unicidad en la naturaleza, ni en la vida.
Y tú, existencia, di: el UNO es nada.

En un principio era el plural.

24

Tampico-el Golfo,
Mi primera visita a México en 2004.
El Golfo de México hoy es un horno de fuego atizado por el agua.
Niños explotan en sus juguetes de plástico.
¿Qué interés por agujerear el cielo con los clavos de nuestras plegarias?
Música: orquesta de cobres, mosaico y tinta azul.
Tended los muertos en el pecho de los vivos
Verted los vivos en las jarras de los muertos
Que cada uno hable como si fuera el otro, bajo los paraguas de los dioses.
La guerra está en el pan, en el agua, entre un dedo y otro dedo.
Las hormigas aplauden
Las arañas tejen las banderas de la victoria y los lobos expresan su alegría a los ángeles.

25

Las palabras: vacas hambrientas bajo su piel y en un mismo lecho duermen los muertos y los vivos.
Aquí las cifras no se cuentan, las cifras se siegan
¡Mestizos-Mestizaje de cifras!
Un tiempo que no espera a nadie sigue sus pasos, corre, descalzo, por la orilla de la lengua.
Lengua, crea tu propio tiempo.
La cabeza sólo está en su lugar en la metáfora.
La cabeza rueda entre un pie y otro.
Y a cada vuelta un dios vigilante cuenta los días que le quedan.

¿Qué hacer si la muerte me ama cuando viajo?

26

¡Incienso! ¡mujer-jarra!
Mestizaje de barro y manos creadoras, el Museo de Antropología de México.
Ventanas-escalera hacia los astros.
Escorpión-Dios.
Rana-guardián de los lugares.
El ombligo es el agujero cavado en el cuerpo, ¡abismo cima!
Tigre-tortuga. Albatros, garza. Boca engastada de jade.
Nada de delirio, antropología,
La tumba es el otro nombre de la cama.
Y ya estés de pie andando sobre tus pies, o tendido con la cabeza sobre una piedra, no posees sino lo que eres en este momento.

27

El tiempo es lo que eres en este momento, dice México
con la lengua de un místico árabe, y la diferencia de la
existencia se valora en grados no en género.
Nadie sabe hablar como la rana que vela sobre los hombros
del estanque.
Nadie sabe estirarse como el tigre o la serpiente.
Nadie es tan libre como el leopardo.
Sé modesto animal llamado hombre, aunque hayas sido el
mayor creador después de la naturaleza.
Subirás, descenderás.
Tendrás que morir para quedarte donde has subido.

28

¡Tianguis!
Un dado toca música.
Un agua enseña al océano cómo bailar y cuándo.
Un paraíso no halla reposo sino en el lecho del infierno.
¡Oh horizonte! ¿Por qué te queda estrecha la camisa?
Los pájaros han decidido esta mañana coserte un vestido nuevo.

29

Nada muere
Todo se transforma
Maya sigue bailando, dibujando, esculpiendo
Qué pesado eres, animal parlante, a pesar de tu poco peso

Así sigues andando y rebelándote sin acusar la menor fatiga.
Una mujer mama leche de la luna.
Un pintor dialoga con los vegetales.
Un escultor abraza la piedra repitiendo:
El sentido es movimiento hacia...
El sentido consiste en que seas alba y noche a la vez.

30

¡Tianguis! La cosa no el nombre.
El sol cierra los párpados ante los niños que venden lo que han creado las manos indias.
Collares de plata, algodón, madera, piedras preciosas
Creaciones de la naturaleza.
La tierra, el mar en miniatura.
Comparadas con la primavera, aparece como una camisa de pobre.
Tianguis:
Por donde andamos, el tiempo viste una herida abierta.
Vivimos en jaulas hechas de vientos.
Las nubes no tienen cielo, el cielo en su totalidad está en la mano de las nubes.
Improviso a mi amiga unas trenzas semejantes a las que caían sobre los hombros de Maryam.
Y la artimaña se transforma en realidad.

31

En la tradición maya, los dioses duermen de pie, en las cimas de las montañas, en las fuentes y las entrañas de la tierra, en los campos de maíz y sobre las espigas.
En cada grano de este maíz hay un niño y una niña, en cada niño hay un dios.
La sal para los mayas es el esperma de la tierra.
Una sal celeste, y el maíz es átomo del futuro.
Maíz de México, sal de Qasabín, templo de los tigres moteados, Dios del maíz.

32

Piedra del sol. Dios-sol. ¡Tonatiuh!
Dios murciélago, dios luna, mujer-maíz
Practicad la vida como madre de la muerte.
Practicad la muerte como un nacimiento perpetuo de
 la vida.
¡El hombre no es más que la muerte con pies y manos!
¡Universo! Danos más posibilidades para adentrarnos en
 tu vacío
Tenemos necesidad de redescubrir esta tierra
Preparaos, pues, a vernos borrar todos los caminos.

33

En el Museo de Antropología he oído a la piedra del sol decir No a la luna y he visto la flor del cactus beber la miel del sol.
Los pájaros disponían sus banquetes en casas construidas por el espacio, surgidas sólo de mi imaginación.
¡La imaginación!, el reloj de la vida clavado en la pared del universo, mendiga sus agujas.
¿Será la vida un papagayo de paja?
¿Será el mundo la última cena ofrecida por la noche al día?
Los comensales lucen camisas en forma de ballena, y el agua que chorrea por la montaña cabalga una yegua que parece una vaca salvaje.

34

Me hubiera gustado que las letras que dicen mi nombre fraternizaran con aquellas elegidas por los descendientes de los mayas
Me hubiera gustado que mi rostro se fundiera con el ébano de su rostro.
Marie-José Paz
Octavio: ¿qué es esa luz que mendiga en la puerta del estudio de Frida?

¿Era para recordar los lobos de la revolución por lo que Trotsky crió conejos los últimos años de su vida?

35

¡La imaginación! Tianguis-el-real:
Rosa de la vejez.
El nervio de una estrella palpita en el cuerpo del ébano.
El esperma de la luz fecunda los caminos.
La Danza recrea el cuerpo de la mujer, borra la vejez de
    la rosa.
Desplázate con una abeja, habita un huevo de hormiga.
Acodado sobre la cadera de una rosa, el día se despierta
    bajo nubes de suspiros.

36

Al final, acabarás solo, indio rojo, hermano mío, pues nada dispersa mejor que la soledad.
El yo es arena no semilla. El yo es nube cósmica.
Antiguo-San Ángel Inn
Gisèle-César-Afif. El Líbano en miniatura.
Restaurante en un barrio histórico. El cliente se mezcla con el polvo de la historia, con su oro, sus caballos enjaezados, ensillados con montañas que tiran de la calesa del tiempo.
Lo efímero no necesita eternidad.
Lo eterno necesita de lo efímero.
Hay en este restaurante caderas en forma de alas que hablan la lengua de las nubes.
¡Una mujer en relieve! Su cabeza es un bosquecillo en flor.
Sus muslos, dos vertientes de un valle.
Los jinetes de los deseos se enfrentan en su pecho.

37

El sol arrastra su cuerpo por los cristales, por el tronco de los árboles.
Sus rayos me han arrebatado sin saber dónde ni cómo.
Pequeñas guerras afuera entre las escobas y la basura:
Libérate, polvo de afuera.
El exterior es una barca que ha perdido sus velas
Está lleno a desbordar de imágenes de la infancia de la tierra.

38

Todo libanés de México es una cascada en el interior de las cataratas de Agua Azul y de su azul envidiado por los abetos.
El lugar se prosterna en torno a ellas preso de un vértigo celeste.
Nos hemos imaginado preguntando a un libanés licuado junto a estas cataratas: ¿por qué los mayas ofrecían sus niños en sacrificio a los dioses?
Porque los dioses eran niños, fue su respuesta igualmente imaginaria.

39

¡Meso-América!
¿Por qué la religión en nuestros países es belicosa?, hemos preguntado.
Bocas abiertas como quijadas de camellos furiosos.
Y para los sacerdotes, cabezas de oro, de jade, de basalto.
Los pies del cielo tropiezan con ojos, con labios.
¿Será por eso que la eternidad en este Oriente se representa con un vientre sellado?

40

México-Museo al aire libre. Mezcla de árboles, de hombres y piedras.
El sol es un bosque de lanzas aceradas como agujas.
El aire son centellas voladoras.
Las cosas, los días, las fechas históricas van y vienen.
Respiran rosas sentadas en viejas sillas.
Polvillos que van a cuatro patas, suben, bajan.
En la escalera del sol, el tiempo cojea y el pájaro lee las ramas con un ojo casi marchito.
Oh Abuela, ventana que devora el horizonte, dicen que el sueño al que no sigue despertar te lleva a su casa.
¿Y qué quieres que diga a las tórtolas que te visitaban cada día?
Para celebrarlas, quitaré de la terraza las macetas de flores y la cubriré de maíz y trigo.

41

Estatuas se desplazan por los pisos inferiores de los sentimientos.
El Atlántico se sube a las alas de una mariposa para abrazar al Pacífico.
El arco de los sueños los une.
Yo hago una pregunta sin esperar la respuesta:
¿Qué diferencia hay entre el anzuelo del Atlántico y el del Pacífico?

42

En el oriente árabe los árboles niegan sus frutos. Manos sin hueso y sin carne los cogen. En el agua sólo hay la sed, dice la piedra. En los árboles sólo hay ramitas, grita el agua. Nosotros hablábamos la lengua de las ballenas y leíamos con la erudición de los belfos.

La hierba se despide de la arena, la arena escribe el historial del agua.

43

Hay tumbas en la tinta, en las palabras, encima del papel y debajo del papel.
Tumbas veneradas por los hombres, bendecidas por los dioses.
Tú, el indomable, no respondas, sólo pregunta:
¿Cómo moler la tiranía para hacer de ella un pan para el alma y el cuerpo?
¿Y por qué el creador arma a los seres que ha creado para que hagan la guerra a otros seres que también ha creado?

44

Escultor, qué hermoso que talles la cabeza en media sandía o en un tercio de pera, un aro pegado a su oreja izquierda.
Qué bella eres, luna, vestida de piel de pantera, fumando, con un sombrero de paja en la cabeza.

Los artistas-artesanos de Bonampak parecen un bajorrelieve esculpido en el aire.
El sol, ¿es un loro o una onza?
La lluvia, ¿es una serpiente?
La muerte, ¿es un búho o un murciélago?

45

Escultura en relieve sobre la piel del aire es el hombre.
Mezcla de animal y vegetal.
Está lleno de hojas de árboles.
Tiene garras de tigre y ojos de serpiente.
A veces es amigo del dragón emplumado con dos cabezas,
    unión de ave y serpiente, o de lagarto y ciervo.
Un cocodrilo gigante la tierra, en su lomo crecen hierbas.
Tan extraño el hombre, hecho de pasta de maíz.

46

He aquí el dios de la lluvia que llega de su pozo celeste para visitar los maizales
Alimentad a los dioses para que sigan vivos y el mundo viva
¡Alimentadlos con perfumes de flores, de incienso, de las almas de los hombres y de los animales!
Practicad los ritos del sacrificio como se celebran las bodas: Oraciones, cortejos, danza, canto, teatro, comedia.

47

¡Dios-sol, mono-araña!
Salen guerreros de las quijadas de los lobos
Delirio divino, alucinaciones de los elementos, el universo está en movimiento: una energía que transforma, se transforma.
Excusadme, amigos, si ahora me eclipso.
Es la hora en que debo acompañar al sol.

48

La Reforma,
Museo a cielo abierto, formas dedicadas a la vista, otras a la visión.
Un rostro te sorprende.
Una imagen te deslumbra.
Una iglesia dotada de cuello da la impresión de sangrar.
Sale volando como ala rota en cuanto te acercas.
En cada muro un indio rojo chorrea sudor: dos manos atadas y una lengua atravesada.
El alga de los dioses crece en los techos de los edificios.
Libera tu ego de todo nexo profético.
Abre a tu voz las ventanas soldadas con las rocas del mutismo.

49

¡Tu libro santo es un fuego atizado!
Las cúpulas de las iglesias de México se parecen a las burbujas del río de lágrimas que afluye de las entrañas de los mayas.
He visto a estas cúpulas perder su sal celeste.
El cielo en los templos de los mayas era estatua dispuesta a volar.
¡Viejo siglo!
Penetra en el cielo de la piedra, ve al Museo de Antropología y pregunta esto a una estatua:
¿Cómo lees la iglesia ahora?
Haz la pregunta como si le pidieras el último pan de su horno.
Como si fueras un ala agotada por el vuelo, o como si tuvieras que morir mañana.
Estatuas: piedras que piensan y que cantan.

50

Mi cuarto día en México fue tigre-yema antes de convertirse en tigresa-flor luego maíz.
Transformado en alas, vi al pájaro Quetzal aplaudirlas.
Convertido en siete días, cada una de mis estancias tenía siete ventanas.
Cada ventana tenía los labios de una estrella enamorada.
En cada estatua un dios visible mamaba de senos invisibles
Estatuas: fuerza divina donde se mezclan los rasgos de distintos animales o los de hombres vegetales.
Un ojo de serpiente aparece en la frente, garras, colmillos, hojas.
¿Os ha hablado ya de ello la modernidad?
El ser, mezcla de elementos humanos, cósmicos, vegetales, terrosos, del mismo barro, materia prima de todas las criaturas.

51

Estatua-piedra decorada, ornamentada:
El mármol son puntos en una escritura llamada arquitectura.
Piedras que fluyen sobre un tejido llamado mosaico.
Revisten los muros, las ventanas, los umbrales, las puertas.
Tallados en los ángulos, los incensarios tienen la forma de animales civilizados por la leyenda y la ciencia en la misma veta.
Ahí está el juego de la materia.

52

Izapa-Tikal,
Narración mediante el color, realidad y movimiento, rito
    e historia.
Estatuas: un ojo rojo se abre en la cadera de una jarra azul
Una cadera de hombre color rubí abraza un jarro en forma
    de ardilla
Una cabeza de mujer surge de los brazos de un caracol
Caracol-recipiente para agua oscura.

53

Todo me empuja a reforzar mi alianza con el sol para renovar mi pacto con la luna.
Sin embargo, sigo sin saber cómo despertar de su sueño al hombre —ese viejo animal.
Las bestias que nuestros antepasados frecuentaban en los bosques y en las ciudades se devoran entre sí.
Las estaciones bailan y los vegetales son indiferentes.
La tempestad esta mañana ha modificado su recorrido tras el largo debate que con ella sostuve.
Hace algún tiempo que las nubes no me prestan atención.
El sol es una rosa que no tiene el mismo tiempo que el hombre.

Sol, sol, sol

54

¿Dónde estás, mano que llama a la puerta del sentido?
¿Dónde estás, lengua que se atreve a preguntar:
Siguen las estaciones siendo estaciones?

¿Puede alguien ayudarme a buscarme?
¿Quién era yo? ¿Quién soy? Mi respiración está preñada
   del carbón de la historia que dibuja el aire, el agua, el
   polvo, la piedra, los árboles y las flores.
¡Nieve! Cae espesa, espesa y tormentosa.
Y decía: las promesas de los continentes llenan mis pisadas.
Y hoy me atrevo a preguntar:
                    ¿Dónde están mis pasos?
                    ¿Dónde situar estos continentes?

55

Unos hilos me unen a los cuatro puntos del universo, a la sombra de los mayas y a la del cedro mexicano.
Pero he aquí que se rompen hilo tras hilo en la acidez de los monoteísmos.
¿Cómo protegerme del diluvio de esta tinta?
¿Tengo que ocupar mi puesto en el fondo del infierno, dedicar mis cenizas a las guerras de las leyendas?
¿Soy una cabeza voladora en continua competición con el viento?
Mi oportunidad consiste en no contestar.
Que la hierba seca que enarbola su bandera sobre el cuartel del polvo conteste en mi lugar.

56

Aquí, bajo el sol de los mayas, siento que mi cuerpo llega a ser completo, como si mi alma se negara a completarse.
La luz no deja de invitarme a lo más lejano de sus bosques, y esa oscura nube a una fusión en la misma forma.
Tú, muerte, confía en mí.
No te cederé mi cuerpo hasta que se haya reducido a cenizas.

57

México –a mi derecha el sol de los mayas, a mi izquierda, adonde me dirijo, el sol del hombre y el de la naturaleza en el mismo plato.
Cabeza marmórea, tú no has envejecido.
Qué hábil era tu escultor de Palenque.
Por ti, Chiapas sigue siendo la madre de los dioses del escoplo.
No has envejecido.
Tu rostro es tal como era, lo que seguirá es una segunda escritura de la historia de la luz.
¡Cabeza! Pesas más que una época, pesas más que un espacio.
Un astro errante te tiende la red de sus sueños. Mañana será bosque de árboles que dan la leche de las leyendas.

El sol ama los caminos de los mayas.

58

¡Asesinato! Deslízate vertical en el pecho de los indios mexicanos, en su garganta.
Deslízate en el sueño, en la realidad.
Cada paso constituye un peldaño en la escalera del asesinato –Ascensión al nombre del UNO.
Por su espada, su lengua, su revelación, su trono, el UNO el UNO el UNO
¡La tolerancia! Ah
Un conejo divino escapa del jardín de ese racismo cultivado llamado tolerancia.
Hasta los conejos rechazan la tolerancia y reclaman la igualdad.

59

No recuerdo cómo atravesaba la avenida.
¿En calesa? Tal vez.
Hice la pregunta a un lagarto extraviado.
No me miró, después a una cotorra acariciada por una mano blanca que se sobresaltó luego imitó, burlona, mi voz.
¿He de contentarme con la respuesta de una vaca salvaje vecina de Oumrou'al Kaïs que corre por mi imaginación?
Tal vez estaba yo en una ambulancia.
En las imágenes de un documental producido por una serpiente descendiente de Adán.
Una serpiente roja; no me acuerdo.

60

Cómo saber si me había transformado en palmera, en pájaro que se parece al fénix o en isla de la dimensión de Arwad que no abandona mi imaginación.
Sirio, el lobo del cielo, navega entre las montañas.
El lobo del cielo está bajo la protección de la tierra, y la almohada de Capricornio está bajo la cabeza del toro.

El crepúsculo está bajo la protección del crepúsculo.

61

¿Quién se atreve a mirar una iglesia entre las quijadas de una ballena?
¿Quién se atreve a colocar una iglesia o una mezquita bajo un microscopio?
Me he imaginado haciendo la pregunta a un poeta libanés popular nacido y muerto en México del que me había hablado César Afif.
Y fue en mi imaginación donde me dio su respuesta:
«Para él nosotros tenemos el valor de celebrar las bodas de la tierra y bailar sobre el cadáver del cielo.
—¿A quién se refiere al decir "él"?
—Al delirio ciego hacia el que llevamos nuestra época. Nuestro guía: un indio rojo».

62

¿Tu plan es cambiar al ser humano? Eh.
Si cambias el pie, ¿cómo cambiar el muslo?
Si cambias el muslo, ¿cómo cambiar el pubis?
Si cambias el pubis, ¿cómo cambiar la cadera?
Si cambias la cadera, ¿cómo cambiar el cuello?
Si cambias el cuello, ¿cómo cambiar la cara?
Si cambias la cara, ¿cómo cambiar la cabeza?
Si cambias el cráneo, ¿cómo cambiar el corazón?
Si cambias el corazón, ¿cómo cambiar el hígado?
Si cambias el hígado, ¿cómo cambiarías las venas, las arterias y las entrañas?

¿Quieres cambiar al hombre? Ah ja ja
¿Por qué no empezar por ti mismo?

63

Un poco de terracota del tiempo y de barro de la lengua, unidos al veneno del UNO, al bálsamo del bajo mundo y a la miel del más allá, machacados, disueltos en un alimento patriótico divino, luego la orden «Vamos, empieza» al que escribe el historial de las ciudades
«¡No! Yo no creo lo que es semejante a mí».
«Yo sólo crearé a los enemigos, los contradictores que no se me parecen en nada».
Y leed:
No pongáis armas ni trampas en el texto
No lo mezcléis con vuestros intestinos.

64

Tócame con los cuernos, gacela de los mayas.
Quiero rozar las honduras de los sitios.
Plantar los cielos en las entrañas de la tierra; plantas semi-humanas, seminubes.
Quiero exterminar la raíz de los ángeles
Destruir el UNO y construir el plural.
Quiero decir a la tierra: tú eres lo real
Al cielo: ¡tú no eres más que una burbuja!
Es así como los dioses desaparecen de este lugar, al contrario de lo que dice Heráclito.
¡Entra, pues, con confianza!
Prepárate para ver el sol dormir en un plato carmesí,
para ver los cuernos de las cabras pegarse a los troncos de los árboles y de los hombres,
para ver a los hombres entrar en masa en la religión del sentido,
y la luna suspendida de una linterna de la que nadie sabe cómo ni de dónde viene.

65

Maya, la noche no tiene lengua, con todo no para de contar tus sueños.
La noche afirma que la eternidad tiene un perfume que va de su cuello al tuyo.
Tú eres alumno de la naturaleza y, en cambio, eres tú quien la ha creado.
Tu arte es canto en la garganta de la materia.
En tu casa-museo antropológico, las estatuas andan, hablan, se callan, sueñan.
Ponen los labios en el laúd de la historia, son peldaños de una escalera hacia lo invisible.
Mesa del festín donde el sol extiende su dorada vestidura.

66

Maya,
En tu casa la lluvia es una serpiente, con la cabeza con frecuencia en el cielo.
La muerte es a veces murciélago, a veces búho.
El sol es loro de noche y leopardo de día.
Tú dices: la tierra es llana, tabla de madera que flota en el agua o cocodrilo de barro, sobre su lomo crecen los vegetales.
Tú dices: los siete reinos se prolongan bajo tierra, en lo más hondo y lo más próximo a la residencia de Ah Puch, dios de la Muerte.
Tú dices: los astros Dama luna Ixchel, Dama venus Nohok Ek moran por encima de la tierra.
Itzamná, el dios supremo, dios de la Vida y de la energía creadora, vive en el cuerpo de una gran serpiente emplumada con dos cabezas. Mezcla de serpiente, de ciervo, de pájaro y de lagarto.

67

Otorgadnos conchas para escribir y fechar.
Otorgadnos un punto para crear la unión.
Otorgadnos variaciones sobre el cuerpo y sus órganos, sobre las cabezas y sus formas para poder leer el mundo.
Los órganos del ser humano, el más hermoso alfabeto para escribir el universo.
Haced trizas las cortezas de los árboles, amasadlas para que acojan lo que surge de vuestras cabezas.
Esculpid, ahondad, incrustad, inventad formas para vuestras palabras en el rostro de la piedra, en el pecho de la terracota, en la albura del hueso, en las ramas de las palmeras, y sobre los papiros.
Atad el todo a vuestras vestiduras, dibujadlas donde el terreno se preste, registrad vuestros trabajos, vuestros conocimientos y vuestra historia –en sabiduría y política, en discordia y en paz–.

68

Otorgadnos estacas que se crucen, plantadlas verticales en el suelo para medir la altura del sol con el listón de su sombra.

Otorgadnos dos tablas que se crucen para medir, partiendo de un punto del horizonte, el momento en el que los astros se iluminan y luego desaparecen.

¡El universo! Teatro donde se enfrentan las energías creadoras para desvelar los secretos de los astros que dirigen este universo.

La órbita celeste está con nosotros, contra la muerte.

La órbita, nuestro bajel para cruzar las tinieblas de la vida.

La órbita con nosotros.

69

¡Quetzal!
Te envidio, ave sagrada, y envidio a los gobernantes tocados con plumas de tu larga cola.
Dicen: por tus vestidos, hombre, se sabe quién eres, y a qué clase social perteneces.
El vestido es un espejo.
El vestido es una escalera.
El vestido cose a quien lo lleva.
La apariencia revela la esencia.
Bendito seas, algodón, magia de los sencillos.

Otorgadnos conchas para escribir y fechar la Historia.

70

Zócalo,
El horizonte se desata el abaya[3] para recibir al sol,
Abrazo secreto del espacio y de la antigua capital azteca.
En la calle Francisco I. Madero, los rayos de un sol deslumbrante mecen Tenochtitlán entre sus muslos.
Camina hacia tus extremidades, lugar tan alto.
El agua turbia de la historia es también vía de búsqueda del agua pura.
Semejantes a mis sueños de la última noche, mis pasos se enlodan en un agua oscura.
¿Cómo liberarlos?

---

[3] Vestidura con la que se cubre la mujer árabe.

71

Zócalo,

Lugar donde se abrazan las aceras y las callejuelas, los abismos de los basamentos y la altura de los inmuebles
¿Es el lecho del antiguo lago Texcoco o es la tierra blanda y movediza que sigue oscilante?
Intento andar a la sombra preguntándome: ¿cómo conseguir plantar árboles umbrosos en el país que es el mío?
Aquí, en la sede del universo azteca, mientras estoy de paso, sigo construyendo casas.
Casas para los astros que se desplazan entre las jarras y las fuentes, entre las tiendas y los brazos de la naturaleza.
Casas para astros, arañas que mueven el hilo de las ruecas tejiendo la vida y la muerte.
Camisas salen volando como alas.
El tiempo se las pone.
Los minutos y las horas las hacen.
Camisas dotadas de cabezas y pies de todos los colores, mantas, cunas, espejos.
Camisas-museo y mosaico, montañas, caminos, valles.

72

Zócalo, por ti salimos de la unicidad.
Nuestros cuerpos, caminos para la evasión. Caminos al interior de otros caminos, invisibles.
¿Quién nos explicará las huellas de nuestros pasos, donde lo invisible adelanta a su hermano lo visible, bebiendo agua de Sumeria en la jarra de los mayas?
¡Maya! Nuestros suspiros hacen navegar los tiempos mientras llevamos la tierra entera en un buril, en un poema, o encerrada en una paleta de colores donde reina el azul.
No es la metáfora la que nos hace atravesar las distancias y las disparidades, sino lo real que corre entre nuestros dedos como el pan.

73

Lo real es también una metáfora

Extraemos nuestras lenguas de la boca de la tierra y decimos a nuestros corazones.
Sea en sus ojos como es su corazón.
Descubrimos la luz que lleva nuestros ojos más allá de la oscuridad
Atesoramos el fuego del sentido en nuestras entrañas
Acompañamos a las estaciones en las calesas
Cambiamos nuestros cielos
Abrimos las ventanas a lo desconocido que surge del ritmo de nuestros pasos.

Todos los puentes se derrumban, salvo los construidos por la poesía.
El poema como la abeja tiene sus flores de las que extrae el perfume de sus secretos.

74

He aquí Zócalo,
Cosemos los rayos del sol con nuestros días, los colgamos encima de los umbrales, sobre las ventanas y las plazas.
Debatimos con los relámpagos atentos a nuestros pasos que dialogan con el polvo.
Preguntamos, en el momento de su ascensión a nuestras pirámides, a la luna portadora de los mensajes de las estrellas a las que estamos vinculados.
Luego miramos llorar a las nubes que nos permiten reflejarnos en sus ojos.

75

Sabemos que el cielo se llena de nubes cuando nos da la razón,
que sólo la lluvia sabe cómo anudar una alta amistad entre el espacio y la tierra.
¡Tiempo!, no dejes de cocer los guijarros si quieres ser fiel a nuestra historia.

76

¡No! Nosotros sólo hemos hablado con los relámpagos para firmar una paz duradera con el espacio.
La eternidad es una coma en nuestros escritos.
Y el agua nos hacía sentar en sus rodillas y nos daba golpecitos en los hombros cuando viajábamos por los ríos y los mares.
Una vez, el día se equivocó al pronunciar nuestro nombre.
Otra vez, guardó silencio cara al cielo que preguntaba por sus orientaciones a nuestros caminos.
Saludando la naturaleza, nuestras manos se transformaban en estatuas.

Montaña, da tus brazos a ese ciervo
Árbol, da tu pecho a ese loro
Caverna, da tus senos a ese murciélago
La tierra entera: casa de una misma familia.

77

Escuchad este océano que pronuncia su discurso en la cátedra de las olas.
Mirad los campos acoger el cortejo de los pájaros y de las flores.
Es necesario que la altura aprenda la música del descenso y su ritmo.
Necesario que el final halle su cuna secreta bajo la manta de lo que no tiene fin.
Lo imposible es el otro nombre de lo posible.
Algunos caminos se van, vuelven como vientos que elevan su trono sobre la paja.
Hay nieves en suspenso que tejen nubes para una lluvia que caerá mañana.
Un alba abre sus brazos a las criaturas del barro:
Crisálida, pasaporte para otra génesis.

78

Canto 1

Cabeza abajo, las preguntas se detienen a sus pies.
Mentira repetida por el lenguaje del cielo, contra la naturaleza y el temperamento.
Inventa, sapo, el lugar que representas y presenta al loro tus credenciales.
Invitarás tal vez a los ciervos a esta ceremonia.
Banquete reducido a algunos dátiles y un poco de agua para humillar al oro.
Un mantel de papel sobre la mesa y pájaros que habrán aguzado sus alas para hacer frente a la tempestad.

79

Canto 2

Lágrimas de árbol fluyen de los ojos del espacio, pirámides se sientan en la cabeza de los vientos.
¡Los umbrales!, un arco iris que crea el nexo entre todas las direcciones.
¡Cielo! ¿Qué ofrecemos a tu mutismo sino huevos de hormigas?
¿Diremos a la luna, que lleva la luz en los hombros, que transporte estos huevos en los brazos o entre los muslos?
¿Hay que soplarle que entre abiertamente en ti o de modo clandestino?
La tortuga de la sabiduría nos grita:
¡Vosotros no tenéis nada que ver con el cielo!
El cielo no tiene nada que ver con vosotros.

80

Canto 3

El búho y la oscuridad disputan sobre la pereza de la luz.
Nada como lo efímero sabe describir la belleza de lo que permanece.
La luz me rechaza cada vez que abro mi pecho a la oscuridad.
«Ten piedad de la luz», me dice la oscuridad cada vez que sugiero a la luz que sea más vertical.

¿Hay que dudar de la tolerancia de la luz y decir a la oscuridad que también ella, como la luz, es un principio?

81

Canto 4

¡Maya! ¿Con qué fuerza has nombrado a tus dioses?
¿Con qué sabiduría has diseñado el poder de cada uno de ellos?
¿Son estos dioses frutos o raíces?
¿Se subdividen en dos o en tres? ¿Son a la vez macho y hembra? ¿Macho-hembra o hembra-macho?
¿Por qué tus dioses no envejecen?
¿Es la infancia tu segunda eternidad?
Por ti y en ti, Maya, aprendo cómo atesorar el saber entre mis dedos, en mis pasos, bajo mi piel y encima de mi piel.
Piel, apta para escalar las cimas de la alta sabiduría que se esconde detrás de las montañas.
Y yo tengo dos pies expertos en deletrear las distancias del mundo invisible.

Canto 5

Maya dice:
La noche es noche y el sol es sol, nunca se encuentran aunque llevan la misma vestidura.

El cuerpo de la noche está en conflicto perpetuo con el cuerpo del día y en cambio comparten el mismo lecho, dice Maya.

Quédate lejos, al otro extremo del hilo de la noche.
Allí me encontrarás, tú que buscas mi sol,
ha dicho Maya.

Canto 6

Estrellas-Poemas esparcidos en el cuaderno de la noche.
Luna, pluma blanca que vuela hacia el vergel de las estrellas.
Dictada es esta luz
Que desciende de los labios de Ixchel,
                      Afirma el tintero del sol,
Confirman los lápices del azur, el azul que vira hacia el negro, el sur colgado en el cuello del destello, en la cadera del norte, afirma el ecuador, este ciervo que se desposa hoy con el sol.

84

Canto 7

¡Alégrate, Ixchel! Diosa de la luna, de la medicina, de la fertilidad, de las mujeres que han concebido y de las parturientas.
Fertiliza los campos y mira con ojos amorosos los cuerpos de los amantes.
Los enamorados son todos unos enfermos. Rechazan todo remedio y piden más enfermedad.
No dudes en seducirlos y sumirlos en la fuente del mal.
En tu nombre, en el hotel La Casona, bebo el agua de la noche en una copa en forma de águila.
El ruido de un águila huida de tu selva me ha despertado, he visto las estrellas posarse, pájaros blancos sobre tus hombros.

Libera tus nubes, déjalas descender sobre el lago del amor.
Tejidas por las manos de la noche, hay mantas destinadas a los durmientes.

85

Canto 8

He aquí el dios de la Muerte, Ah Puch.
Desciende de un abeto, mano tendida para saludarme como a un amigo de hace mucho tiempo.
Una gacela lo acompaña.
Un águila blanca está posada sobre su hombro izquierdo.
Para celebrar el amor, Kukulkán, la serpiente emplumada, intenta bailar con una pantera negra que llega de una fiesta.
¡Trova Yucateca!
El cuerpo madura bajo la cúpula de la noche.
Sol del deseo, entra en tu esplendor negro.

Canto 9

Como Prometeo he robado, y por tercera vez, pero en el cielo de los mayas, el fuego de la sabiduría
He encendido el farol de la vista y el de la visión
En el país de Cham, el mundo se desliza por una pendiente llamada masacres.
Las hoces afiladas sobre su cielo lo siegan.
El espacio de encima del país de Cham es una choza a punto de desmoronarse.
Se precipitan a volverlo a levantar, cada uno en nombre de su propio cielo, matan a la persona de su elección, luego hacen su casa sobre el pecho de los muertos.
Ten piedad de nosotros, dios, ayúdanos, imploran sus voces.

Canto 10

Me han sugerido encontrar en México y en el país de Cham cantores dotados de voces de árboles, cuerpos de montañas y un pecho de lago.

Cómo encontrar la tierra de donde vengo cuando mi cerebro no puede creer lo que mis ojos imaginan, ni lo que dijo Nietzsche anunciando la muerte de su enemigo cuando Dios había salido de la tumba.
Los hombres nacían de nuevo, en las palabras y lo que expresan, en las espadas, las bombas, los carros de combate y los misiles.
Hoy se mata el alfabeto, letra a letra.
¿Dónde encontrar las palabras que dicen las cosas que acaban de nacer o que nacerán mañana?
Hay palabras que se lavan el cuerpo en extraños barreños, lejos de la casa del diccionario.
Hay palabras que se ejercitan en ser huérfanas y practicar la ablución con la arena.
Cuántas cosas por nombrar cuando el lenguaje escasea en un país que es el mío.
Mis palabras juegan ahora con un tigre moteado, luego descansarán bajo las alas de un águila insomne.

88

Canto 11

Como Maya
Me visto con la muerte para conservar la vida desnuda,
para matar el miedo.
Desde ahora moraré entre las manos de la noche y le
cogeré al sol las agujas del reloj que mide el tiempo y
más allá del tiempo.
Crearé fraternidades entre las crías de la gacela y las crías
de las nubes cuando aterricen, como aves migratorias
en las orillas de los ríos y los lagos.
Recuerdo niños que escalaban las piernas del maíz para
estrechar la mano de una estrella,
me acuerdo de mujeres sentadas sobre alas para leer el
invisible.
Al maíz le gustan sus espigas, le gustan los árboles sin
puertas que facilitan la entrada y la salida del viento.
Recuerdo también cómo los ángeles se rebelaron contra
sus generales, cómo fueron
Expulsados, y cómo se refugiaron en el país de los mayas
que se apiadaron de ellos, los transformaron en pájaros,
en vegetales, en fuentes.

89

Canto 12

Me ejercito en leer la filosofía de las hormigas, el historial
de la piedra, las matemáticas de las abejas.
Repetid después de mí, polvillos de la eternidad,
Y tú también, polen:
Las fuentes se arrodillan para celebrar la llegada del agua
a los campos.

Canto 13

Me he enterado de que bajo el cielo de los mayas hay muchos más cielos que aquellos cocidos a fuego lento por los libros sagrados.
Me imagino:
Colocando ese cielo en una jaula
Cercándolo de un montón de hermosos simios juguetones, fornicadores
Brazaletes tintinean en torno a sus tobillos.
Me imagino preguntando a ese cielo:
¿Por qué no despiertas a los pobres que habitan en las chozas para decirles buenos días?

Deseo que un solo árbol me confirme
Que os ha visto saludarlos siquiera una vez.

¿Cuál es, pues, tu trabajo, cielo?
Prisionero en el ojo de una aguja por haber dicho: este cielo es una silla de montar indigna del caballo primo de la tierra.

91

Canto 14

Las mismas letras escriben los nombres de los dioses y los diablos, de los profetas y los ángeles, de hombres y mujeres, de campos y de mares, de bosques y de insectos, de montañas y cavernas.
Igualdad a través de los signos.
Un misterio se oculta bajo esta igualación.
Dilo, hombre, ¿tú la a-z, Alef-ya'?

92

Canto 15

Cada rostro tiene un espejo en la piedra, en los animales domesticados y en aquellos salvajes provistos de colmillos, en las plantas que fraternizan con las mariposas y en todo lo que mama y cría;
Bendito sea el que ha dicho eso.
El rostro: luz que se transforma en espejo.
Y que los caballos del sentido vaguen por las praderas del alfabeto, en tanto los astros disputan con las arañas, las velas disputan con los vientos y la arena lucha con la ola.

93

Canto 16

¿Pero qué hacen esos escorpiones agazapados en los lechos de los dioses?
¿Y qué prepara ese dragón que vela en un lago de fuego?
Dioses-jueces, guardianes de los cuchillos, también.
El cielo es un tejido rojo que se transforma en umbelas azules para celebrar sus pasos.

94

Canto 17

De pie en el umbral de Maya, le dije: adiós y hasta pronto.
Intervengo en tu nombre para que el signo de Capricornio sea ¡más tierno para el Cabritillo!
Cabritillo que baila entre los astros, junto a un toro vestido con una nube vestida de cielo.
Junto a una estrella que besa a una gacela.
Junto a un astro que no sabe dormir sino entre los brazos de una mujer.
¿Se ha emborrachado alguna vez el cielo a no ser con las palabras de una tierra enamorada?

95

Canto 18

No he pegado ojo en toda la noche.
He puesto orden en la oscuridad, trenza a trenza, ahogado en el recuerdo de una hermosa que me ofreció sus labios, primer beso improvisado.
No tenía aún once años en aquel entonces.
Cada trenza mezclada con un suspiro.
Imaginaba en dicha negrura una luz que también ella descubría por primera vez.
A su sombra, excavé un vacío en el cuerpo del deseo, lo precipité en un agujero sin fondo.

Canto 19

¿Cómo diría adiós a México, aunque fuera sólo por un tiempo?
¿Le daría la forma de una mariposa en su seno izquierdo y la de un sol en su seno derecho?
Debo preguntar: ¿Cómo leer hoy esta historia natural escrita por sus lagos?
Y por el lago-madre.
Es cierto que diré lo que me digo a mí mismo:
He vuelto de México.
¡No!, no he vuelto.
Sigo estando allí.

El sol ama los caminos de los mayas.

(México, 25 de abril-París, 10 de agosto de 2012)

Índice

La compañía solar, Ernesto Lumbreras   7

13 ZÓCALO
1. [El sol ama los caminos de los mayas]   15
2. [Hotel La Casona. Desde mi habitación...]   16
3. [¿En qué apoyarme?]   17
4. [Mañana del 22 de abril de 2012]   18
5. [He puesto la mano en el bolsillo del sol...]   19
6. [Hay profetas que besan los muros...]   21
7. [En este momento el aire está en duelo]   22
8. [Las alas son de nieve y el remedio es enfermedad]   23
9. [Hay calles que bailan en los hombros de los peatones]   24
10. [Maya, / Suave, la vida en tus fronteras...]   25
11. [Más allá de las fronteras...]   26
12. [Museo de Antropología de México]   27
13. [Una gaviota duerme en el brazo de una gaviota]   28
14. [Nunca fui amigo de un lagarto que se burla del cielo...]   29
15. [A lo lejos, improvisaba el aire en los abanicos ciegos]   30
16. [Trotsky, / El espectro de la revolución...]   31
17. [Trotsky, / Tierna es tu cama...]   32
18. [Trotsky, / las cosas son lo que son]   33
19. [Entre Trotsky y Frida una silla móvil]   34
20. [Baila tiempo sobre tus palabras...]   35
21. [Trotsky no esperaba de los árboles ni de las ventanas...]   36
22. [Muchos libros en la misma estela]   37

23. [Lago sin orilla y las barcas no están encadenadas]   38
24. [Tampico-el Golfo]   39
25. [Las palabras: vacas hambrientas bajo su piel...]   40
26. [¡Incienso! ¡mujer-jarra!]   41
27. [El tiempo es lo que eres en este momento...]   42
28. [¡Tianguis!]   43
29. [Nada muere]   44
30. [¡Tianguis! La cosa no el nombre]   45
31. [En la tradición maya, los dioses duermen de pie...]   46
32. [Piedra del sol. Dios-sol. ¡Tonatiuh!]   47
33. [En el Museo de Antropología he oído...]   48
34. [Me hubiera gustado que las letras...]   49
35. [¡La imaginación! Tianguis-el-real]   50
36. [Al final, acabarás solo...]   51
37. [El sol arrastra su cuerpo por los cristales....]   52
38. [Todo libanés de México es una cascada...]   53
39. [¡Meso-América!]   54
40. [México-Museo al aire libre...]   55
41. [Estatuas se desplazan por los pisos ...]   56
42. [En el oriente árabe los árboles niegan sus frutos]   57
43. [Hay tumbas en la tinta...]   58
44. [Escultor, qué hermoso...]   59
45. [Escultura en relieve sobre la piel del aire...]   60
46. [He aquí el dios de la lluvia...]   61
47. [¡Dios-sol, mono-araña!]   62
48. [La Reforma]   63
49. [¡Tu libro santo es un fuego atizado!]   64
50. [Mi cuarto día en México...]   65
51. [Estatua-piedra decorada, ornamentada]   66
52. [Izapa-Tikal]   67
53. [Todo me empuja a reforzar mi alianza con el sol...]   68
54. [¿Dónde estás, mano que llama a la puerta del sentido?]   69
55. [Unos hilos me unen a los cuatro puntos...]   70

56. [Aquí, bajo el sol de los mayas...] 71
57. [México –a mi derecha el sol de los mayas...] 72
58. [¡Asesinato!...] 73
59. [No recuerdo cómo atravesaba la avenida] 74
60. [Cómo saber si me había transformado en palmera...] 75
61. [¿Quién se atreve a mirar una iglesia...] 76
62. [¿Tu plan es cambiar al ser humano?...] 77
63. [Un poco de terracota del tiempo...] 78
64. [Tócame con los cuernos, gacela de los mayas] 79
65. [Maya, la noche no tiene lengua...] 80
66. [Maya, / En tu casa la lluvia es una serpiente...] 81
67. [Otorgadnos conchas para escribir y fechar] 82
68. [Otorgadnos estacas que se crucen...] 83
69. [¡Quetzal!] 84
70. [Zócalo, / El horizonte se desata el abaya...] 85
71. [Zócalo, // Lugar donde se abrazan las aceras...] 86
72. [Zócalo, por ti salimos de la unicidad] 87
73. [Lo real es también una metáfora] 88
74. [He aquí Zócalo] 89
75. [Sabemos que el cielo se llena de nubes...] 90
76. [¡No! Nosotros sólo hemos hablado...] 91
77. [Escuchad este océano que pronuncia su discurso...] 92
78. [Canto 1] 93
79. [Canto 2] 94
80. [Canto 3] 95
81. [Canto 4] 96
82. [Canto 5] 97
83. [Canto 6] 98
84. [Canto 7] 99
85. [Canto 8] 100
86. [Canto 9] 101
87. [Canto 10] 102
88. [Canto 11] 103

89. [Canto 12]   104
90. [Canto 13]   105
91. [Canto 14]   106
92. [Canto 15]   107
93. [Canto 16]   108
94. [Canto 17]   109
95. [Canto 18]   110
96. [Canto 19]   111

Vaso Roto Ediciones

Poesía
    Luis Alberto Ambroggio, *La arqueología del viento.*
    The Wind's Archeology
1. W. S. Merwin, *Cuatro Salmos*
2. Alda Merini, *Cuerpo de amor*
3. Hugo Mujica, *Más hondo. Antología poética*
4. Elizabeth Bishop, *Una antología de poesía brasileña*
5. Alda Merini, *Magnificat*
6. Lêdo Ivo, *Rumor nocturno*
7. Alda Merini, *La carne de los ángeles*
8. Clara Janés, *Poesía erótica y amorosa*
9. Lêdo Ivo, *Plenilunio*
10. Amancio Prada, *Emboscados*
11. William Wadsworth, *Una noche fría el físico explica*
12. Francisco J. Uriz (seleccionador), *El gol nuestro de cada día. Poemas sobre fútbol*
13. Joumana Haddad, *Espejos de las fugaces*
14. Leo Zelada, *Minimal Poética. Declaración de principios de un anacoreta*
15. Ossip Mandelstam, *Poesía*
16. Clara Janés, *Variables ocultas*
17. Amancio Prada, *Cántico espiritual y otras canciones de San Juan de la Cruz*
18. Charles Wright, *Potrillo*
19. Harold Bloom, *La escuela de Wallace Stevens. Un perfil de la poesía estadounidense contemporánea*
20. Ricardo Yáñez, *Nueva escritura sumaria. Antología poética*
21. Clive Wilmer, *El misterio de las cosas*
22. Giovanni Raboni, *Gesta Romanorum*
23. Lêdo Ivo, *Calima*

24 VALTER HUGO MÃE, *folclore íntimo*
25 ERNESTO CARDENAL, *Tata Vasco. Un poema*
26 JESÚS AGUADO, *El fugitivo. Poesía reunida (1985-2010)*
27 TERESA SOTO, *Erosión en paisaje*
28 VARIOS AUTORES, *Un árbol de otro mundo. En homenaje a Antonio Gamoneda*
29 LUIS ARMENTA MALPICA, *El agua recobrada. Antología poética*
30 EDUARDO LIZALDE, *El vino que no acaba. Antología poética (1966-2011)*
31 MAX ALHAU, *Del asilo al exilio*
32 HENRIK NORDBRANDT, *La ciudad de los constructores de violines*
33 W. S. MERWIN, *Perdurable compañía*
34 MERCEDES ROFFÉ, *La ópera fantasma*
35 DULCE MARÍA GONZÁLEZ, OSWALDO RUIZ, *Un océano divide*
36 VICENTE HAYA (compilador), *La inocencia del haiku. Selección de poetas japoneses menores de 12 años*
37 JOSÉ ANTONIO MORENO JURADO, *Últimas mareas*
38 ABBAS BEYDOUN, *Un minuto de retraso sobre lo real*
39 ADONIS, *Sombra para el deseo del sol*
40 LI-YOUNG LEE, *Mirada adentro*
41 FRANCISCO ALBA, *Masa crítica*
42 CHARLES SIMIC, *El mundo no se acaba*
43 LUGI BALLERINI, *Cefalonia*
44 TOMAZ SALAMUN, *Balada para Metka*
45 CLARA JANÉS, *Orbes del sueño*
46 EDUARDO MOGA, *Insumisión*
47 W. S. MERWIN, *La sombra de Sirio*
48 NATALIA LITVINOVA, *Todo ajeno*
49 TRACY K. SMITH, *Vida en Marte*
50 ZINGONIA ZINGONE, *Los naufragios del desierto*
51 MARÍA POLYDOURI, *Los trinos que se extinguen*

52 Julia Hartwig, *Dualidad*
53 Varios autores, *Miniaturas de tiempos venideros. Poesía rumana contemporánea*
54 Hugo Gutiérrez Vega, *Los pasos revividos*
55 James Merrill, *Divinas Comedias*
56 Antonio Méndez Rubio, *Va verdad*
57 Hamutal Bar-Yosef, *El lugar donde duele. Antología poética (1970-2010)*
58 James Wright, *No se quebrará la rama*
59 Charles Simic, *Mi séquito silencioso*
60 Anne Carson, *Decreación*
61 Robert Pinsky, *Ginza samba. Poemas escogidos*
62 Dulce María González, *Lo perdido*
63 Antonella Anedda, *Desde el balcón del cuerpo*
64 Mercedes Roffé, *Carcaj : Vislumbres*
65 Juan Bufill, *Antinaufragios*
66 Alda Merini, *Francisco. Canto de una criatura*
67 Luis Alberto Ambroggio, *Homenaje al camino*
68 Luis Alberto Ambroggio, *Todos somos Whitman*
69 Gerald Stern, *Esta vez. Antología poética*
70 Maurizio Cucchi, *El desaparecido*
71 Lucrecia Romera, *Detrás del Verbo*
72 Adonis, *Zócalo*